Vertraue – das genügt

Reihe
Ausgewählte Kostbarkeiten
Nr. 03 412

CIP-Kurztitelaufnahme
der Deutschen Bibliothek:

Zentgraf, Horst:
Vertraue – das genügt: Gedichte vom geborgenen
Leben in verunsicherter Zeit – Lahr Dinglingen:
Verlag der St.-Johannis-Druckerei C. Schweick-
hardt, 1982.
(Reihe Ausgewählte Kostbarkeiten; Nr. 03 412)

ISBN 3 501 00412 5

2. Auflage · 11.–15. Tausend
Umschlagentwurf: novo art
Innenillustrationen: Gudrun Mölling, Archiv
Gesamtherstellung:
St.-Johannis-Druckerei C. Schweickhardt
7630 Lahr-Dinglingen
Printed in Germany   8266/1983

Horst Zentgraf

Vertraue –
das genügt

Gedichte vom geborgenen Leben
in verunsicherter Zeit

Verlag der
St.-Johannis-Druckerei
C. Schweickhardt
Lahr-Dinglingen

Zum Geleit

Gott spricht, damit wir ihm antworten. Wer ihm aber antwortet, der betet. Es kann auch geschehen, daß ein Mensch aufgrund der Anrede Gottes seinem eigenen Herzen Zuspruch leisten muß. Und überdies sagt er das Wort, das ihm zur Hilfe wurde, seinen Mitmenschen helfend weiter.

Solche Antworten auf Gottes Reden aus der Bibel oder der gottesdienstlichen Verkündigung sind die Gedichte des vorliegenden Bändchens. Sie wollen Mut zu dem Vertrauen machen, sich mit Vergangenheit, Gegenwart und Zukunft, mit Begabung und Mangel, mit Kraft und Unvermögen, mit Schuld und Überwindung, mit Erfolg und Scheitern Gott zu lassen. So sprechen diese Gedichte von dem geborgenen Leben. Denn wer sich Jesus läßt, der ist geborgen. Und das braucht der Mensch unserer Tage.

Horst Zentgraf wurde 1929 geboren. Nachdem er in Jesus Christus das Leben entdeckt hatte, erfolgte bald die berufliche Weichenstellung.

In Marburg erhielt er von 1949 bis 1953 im Brüderhaus »Tabor« (Seminar für Innere und Äußere Mission) seine Ausbildung und war danach einige Jahre im Ruhrgebiet als Jugendsekretär und im Hannoverland als Prediger tätig. Seit 1958 arbeitete er in der Verkündigung und im Unterricht im Diakonissen-Mutterhaus »Altvandsburg« in Lemförde mit, zu dessen Direktor er 1969 berufen wurde.

In den letzten Jahren hat er mehrere Bände mit geistlichen Betrachtungen veröffentlicht. Sie helfen zu einem befreiten und getrosten Christsein, das Kraft genug besitzt, den Alltag auf neue Weise zu bestehen.

Herr Christ, mach uns zu Briefen,
nicht auf Papier verfaßt,
die in des Herzens Tiefen
du selbst geschrieben hast.

Daß an uns sei zu lesen
das Zeichen deiner Hand:
von dir geformtes Wesen
in unserm Dienst und Stand.

Laß andre an uns sehen,
welch guter Herr du bist,
daß sie auch zu dir gehen.
Das bitten wir, Herr Christ.

Tu, Jesus Christ, die Türen auf
dem Worte, das ich sage,
und richte deine Herrschaft auf
im Herzen alle Tage.

Laß mich, Herr, der Gefahr entgehn,
selbst Türen aufzubrechen
und Weg und Auftrag falsch zu sehn;
du weißt um meine Schwächen.

Wo du die Türen, Herr, aufschließt,
halt fern die dunklen Mächte;
und wo der Satan Pfeile schießt,
bleib Sieger im Gefechte.

Du hast in Dienst und Pflichten,
Herr Christ, mich eingesetzt.
Laß sie mich nun verrichten
in Treue bis zuletzt.

Du schenkst mir viel Vertrauen:
Ich soll an deiner Statt
Zerstörtes wieder bauen,
das keine Hoffnung hat.

Du suchst nicht meine Stärke;
sie hindert, Herr, dich bloß.
Steh ich auch schwach am Werke,
ist deine Kraft doch groß.

Beschämt will ich dir danken,
daß du mir so vertraust
und nicht auf Schuld und Schwanken
und nicht auf Kleinmut schaust.

Wenn ich, Herr, Worte bilde,
dann wehr dem bösen Geist;
er führt doch stets im Schilde,
was Brücken niederreißt.

Hilf mir, Herr, Worte sagen,
wie du sie sprechen willst,
mit denen du die Klagen
der Menschenkinder stillst.

Leg Worte, die dich preisen,
Herr Christ, in meinen Mund.
Gib Worte, die froh weisen
hinein in deinen Bund.

Leg Wahrheit in das Wort,
das ich jetzt sagen muß,
und nimm auch, Jesus, fort
der Worte Überfluß.

Gib rein und wahr den Blick,
daß er nicht täuscht und trügt,
und rufe mich zurück,
wenn, Herr, mein Auge lügt.

Mach wahr den Druck der Hand,
daß die Verbundenheit,
die mancher darin fand,
mich nicht der Täuschung zeiht.

Ob du noch leicht das Urteil findest,
wenn sich dein Bruder hat verfehlt,
und es dann gern und laut verkündest?
Das zeigt, daß dir die Liebe fehlt,
die mit Barmherzigkeit bedeckt
und sich nicht stolz zur Höhe reckt.

Hast du dein eignes Bild gesehen
im Wort der Schrift, in Gottes Licht,
dann wirst du nicht erhaben stehen,
dann richtest du den Bruder nicht.
Du hast den Splitter nur entdeckt,
der auch in deinem Auge steckt.

Im Herzen mußt du dankbar tragen,
wieviel Gott dir schon hat verziehn;
davon sollst du dem Bruder sagen
und dich mit Liebe um ihn mühn.
Gott hat nicht nur mit dir Geduld,
nein, auch mit deines Bruders Schuld.

Nicht du sollst Gott die Ziele stecken
für deinen Glauben und dein Flehn,
du würdest dich sonst nur ausstrecken
nach Dingen, die du wünschst zu sehn.

Gott läßt sich nicht zum Knechte machen,
als Herr ist er in allem frei;
du aber mußt darüber wachen,
daß dein Wunsch Gottes Wille sei.

Du, Herr, kannst frei verfügen,
ganz wie es dir gefällt,
und ich will mich begnügen,
wen dein Rat auch erwählt
zum Boten, der an deiner Statt
dein Wort der Welt zu sagen hat.

Und hast du mich ersehen,
so steh ich dir bereit,
um willig hinzugehen
in unsre Welt und Zeit,
dann bet ich dein Erwählen an,
das keiner, Herr, verlangen kann.

Willst du den Bruder haben
für deinen Dienst und Plan
mit seinen reichen Gaben,
so freu ich mich daran.
Es darf, Herr Christ, nicht um uns gehn,
wenn wir an deiner Sache stehn.

Du hast sehr viel mit Gott erfahren,
doch darauf steht dein Glaube nicht;
wie groß auch Gottes Wunder waren,
der Glaube lebt vom Wort ganz schlicht.

Und mußt du die Erfahrung missen,
dann fällt dein Glaube nicht dahin;
ihn trägt in allen Finsternissen
das Wort wie schon von Anbeginn.

Doch die Erfahrung will ermuntern,
dem Herrn noch viel mehr zuzutraun;
und wer es wagt, der wird sich wundern
und neue Taten Gottes schaun.

Was immer dich Gott ließ erleben,
die Grenze hat er damit nicht
für seine Kraft und Macht gegeben.
Was dich beschwert, ihn hindert's nicht.

Ob du noch weißt, wie reich du bist,
seit Jesus Christus starb,
wie weit der freie Raum schon ist,
den er für dich erwarb?

Ob du noch weißt, was du vermagst,
seit Christus lebt in dir,
und daß du dich umsonst abplagst,
wenn du nicht dankst dafür?

Ob du noch weißt, was du nicht mußt
durch seines Geistes Kraft,
daß du dann nicht wie vorher tust,
was dir dein Elend schafft?

Ob du noch weißt, daß er, dein Herr,
nicht da die Grenze hat,
wo die Erfahrung sie bisher
schon fand in Wort und Tat?

Du bist, Herr Christ, gekommen
als Licht in unsre Welt;
wo sie dich aufgenommen,
da wurde sie erhellt,
da hast du sie verwandelt
vom Haß zur Liebe hin,
zur Liebe, die schlicht handelt
und trägt nach deinem Sinn.

Du bist, Herr Christ, erschienen,
um Menschen zu erneu'n.
Wenn Herzen dir nur dienen,
dann wirst du sie befrei'n
und lösen aus dem Zwange,
der sich stets selber sucht.
Wehr auch dem eitlen Drange,
der Ehre für sich bucht.

Wenn du an deinem Tage
in Herrlichkeit erscheinst,
dann enden Schuld und Klage.
Wen du mit dir vereinst,
dem leuchten tausend Sonnen
von deinem Angesicht;
dem Streit ist er entronnen,
um ihn ist nur noch Licht.

Leg Frieden gleich der Mauer,
Herr, um mein Lebenshaus;
der Feind liegt auf der Lauer
und raubte mich gern aus.

Er weiß um Pfad und Türen
und um Gelegenheit,
die alle zu mir führen
in dunkler, böser Zeit.

Du gabst mir große Güter
im Worte deiner Huld;
bist du, Herr, nicht ihr Hüter,
verlier' ich sie durch Schuld.

Drum zügle, Herr, mein Denken,
bewache mein Gemüt,
wollst Herz und Sinne lenken
durch unverdiente Güt.

Vor dir muß Satan weichen;
mein Mühen lacht er aus.
Mit deinem Kreuzeszeichen
beschirm mir Herz und Haus.

Du mußt dich nicht vor Gott verstecken
mit deines Herzens Angst und Not;
der will dich zum Vertrauen wecken,
der dir sein Ohr und Herz anbot.

Bei ihm kannst du dich ganz entlasten
und deine Seele tief befrein
und wie ein müder Wandrer rasten
und wie ein Kind zu Hause sein.

Dann kannst du gehn mit neuem Mute
in deine Alltagsmüh und Pflicht;
denn wer am Herzen Gottes ruhte,
zerbricht an seinem Leben nicht.

Wenn mich der Schrecken
ganz plötzlich überfällt,
dann wird mich decken
dein Schutz, du Herr der Welt.

Ich muß nicht zittern
vor ungewissem Drohn
und Weltgewittern;
mein Gott weiß alles schon.

Was mir begegnen
und auch geschehen mag,
Gott wird mich segnen
an jedem neuen Tag.

Ich bin geborgen
im Leben und im Tod;
ich muß nicht sorgen,
denn alles steht bei Gott.

Du bist nicht gut beraten,
wenn dich die Angst bedrängt;
es führt gar leicht zum Schaden,
wenn sie die Schritte lenkt.

Kannst du auch nicht verhindern,
daß dich die Angst befällt,
um deine Kraft zu mindern
im Dienst an dieser Welt,

so leg doch Angst und Sorgen
hinein in Gottes Hand;
der ist Herr heut und morgen,
der sie längst überwand.

Drum bin ich guten Mutes
in Schwachheit und in Angst,
denn du, Herr, tust mir Gutes
und wirkst, was du verlangst.

Du läßt mich nicht verzagen
in Not und in Gefahr;
auch jetzt wirst du mich tragen,
wie es schon immer war.

Ich muß mich nicht gebärden,
als wäre ich voll Kraft;
ich hab den zum Gefährten,
der aus dem Nichts erschafft.

Wenn ich mich nicht verstehe
und mir selbst wie ein Rätsel bin,
dann such ich deine Nähe.
Wo sollte ich auch sonst, Herr, hin?

Wenn andre mich verkennen
und Gut-Gewolltes mir mißlang,
dann soll mich das nicht trennen
von dir und deiner Stimme Klang.

Du, Herr, kannst mich verstehen
in dunklem Leid und lichtem Glück
und läßt mich niemals gehen
allein durch Freud und Mißgeschick.

Gäbst du nur, was wir bitten,
wir blieben arm und leer;
du gibst auf allen Schritten
uns tausendfach, Herr, mehr.

Gäbst du, was wir verstehen,
wir hätten vieles nicht
und müßten Wege gehen
wie Blinde ohne Licht.

Obgleich wir nicht recht fassen,
was du uns täglich bist,
wir wollen es nicht lassen
zu danken dir, Herr Christ.

Steckt Gott die Grenzen enger
um Lebensraum und Pflicht,
empfindest du ihn strenger,
dann laß den Glauben nicht,
daß auch auf dunklen Pfaden
geheimer Segen liegt.
Gott ist noch nichts mißraten.
Vertraue – das genügt.

Wenn dem zerstoßnen Kruge
das Leben nur noch gleicht
und wenn aus Riß und Fuge
die Kraft allmählich weicht,
soll im Zerbruch des Alten,
in Leiden und in Not
sich klar und schön entfalten
der neue Mensch aus Gott.

Sich lösen gilt's zu üben
von manchem lieben Gut
durch Tränen und Betrüben;
doch Jesus macht mir Mut.
Die Welt soll mich nicht binden
beim Ruf aus dieser Zeit.
Mein Herz willst du dann finden
zum Lösen, Herr, bereit.

Du mußt es lernen, schwach zu sein,
wenn andre kraftvoll handeln,
und sich an ihrem Werk zu freun:
dazu kann Gott dich wandeln.

Wird dir auch schwerer Weg und Dienst
als in vergangnen Tagen,
wenn du ein Ja dafür gewinnst,
kannst du es leichter tragen.

Du mußt lernen abzugeben
und doch willig dazusein;
nicht der Dienst ist ja dein Leben,
nein, das kann nur Jesus sein.

Gott wiegt nicht nur deine Taten;
was du bist, das zählt allein;
und dein Leben wird geraten,
drückt ihm Gott sein Siegel ein.

Noch immer ist im Leid gereift,
wer sich dem Schmerz nicht überläßt;
wer glaubend Gottes Hand ergreift,
der wird im Herzen stark und fest.

Noch immer wächst aus Dunkel Frucht,
gibt sich das Saatkorn willig hin;
doch jeder, der sich selber sucht,
verliert der Leidenszeit Gewinn.

Du kannst mehr tragen,
als du jemals gedacht;
du mußt nicht zagen,
dein Gott gibt auf dich acht.

Du kannst ertragen,
was anderen zu schwer;
laß ab vom Klagen,
es tröstet dich der Herr.

Dich zu vertragen
mit dem, der anders denkt –
an allen Tagen
wird dir's von Gott geschenkt.

Du wirst getragen
mit aller deiner Last;
Gott will es wagen,
wenn du Vertrauen hast.

Bist du bei weitem nicht,
der du zu sein begehrst,
so lieb doch froh und schlicht,
wie du's von Gott erfährst.

Nicht Kunst und Name wiegt
und nicht die große Tat,
auch nicht, wer strahlend siegt;
es wiegt, wer Liebe hat.

Du kannst nie größer sein,
als wenn du liebend lebst;
und Jesus wurde dein,
daß du es heiß erstrebst.

Nicht Wunscherfüllung wird genügen,
nicht daß du dich entfalten kannst
und daß sich läßt zusammenfügen,
was du mit Lust und Liebe planst.

Du kannst erfülltes Leben finden,
bleibt Heißbegehrtes auch versagt,
siehst du Erreichtes wieder schwinden,
wirst du vom Mißerfolg gejagt.

Dein Leben kann sich dann erfüllen,
wird Jesus dir zum höchsten Gut
und beugst du deinen stolzen Willen,
daß er im Willen Gottes ruht.

Lern, gläubig dich zu schicken,
sei der Mensch, der du bist,
und laß das scheele Blicken
auf den, der anders ist;
denn jeder kommt aus Gottes Hand
in seinem Wesen, seinem Stand.

Wer zu sich selbst gefunden
und sich nicht mehr verneint,
wem Gott das Ja entwunden
zum Weg, der sinnlos scheint,
dem wird die Freiheit zum Gewinn:
Ich bin von Gott, wer ich auch bin.

Du bist von Gott gewollt,
ersehnten dich auch Menschen nicht.
Du dankst dem Zufall nicht dein Leben,
der hat dir Zeit und Raum gegeben,
der ganz allein »Es werde!« spricht.
Du bist von Gott gewollt!

Du bist von Gott geliebt,
auch dann, wenn du dich selbst verneinst.
Wenn Menschen lieblos zu dir kommen,
von Gott bist du doch angenommen.
Und wenn du einsam stehst und weinst –
du bist von Gott geliebt!

Du wirst von Gott geführt,
merkst du es oder merkst du's nicht.
Was zitterst du vor Menschenhänden?
Ihr Tun muß Gottes Rat vollenden,
daß dir an Gutem nichts gebricht.
Du wirst von Gott geführt.

Wenn ich im Finstern brüte
und meine Seele müde
und ohne Kraft im Staube liegt,
dann gib mir deine Nähe,
um die, Herr Christ, ich flehe;
ich weiß ja, daß dein Wort nicht trügt.

Wenn mich die Schuld verklagen
und in mutloses Zagen
Herz und Gemüte drängen will,
dann laß dein Kreuz, Herr, sehen
und mich getröstet stehen
vor deiner Liebe froh und still.

Bin ich mir selbst zuwider
und drückt, Herr Christ, mich nieder,
daß ich noch so bin, wie ich bin,
dann soll mich das nur treiben,
mich dir fest zu verschreiben
mit Geist und Seele, Herz und Sinn.

Von dir, Herr, kommt mein Leben her,
du gabst ihm Zeit und Sinn.
Nun ist mein Dasein nicht mehr leer,
nun weiß ich, wer ich bin.

Für dich gabst du mir Lebenskraft
und Gut nach deinem Plan.
Was einer für die Brüder schafft,
das ist wie dir getan.

Zu dir werd' ich einst wieder gehn,
wenn mich dein Ruf erreicht,
um dich, dem ich geglaubt, zu sehn,
wenn mir die Welt entweicht.

Du hast mir Zeit gegeben,
ich danke dir dafür.
Herr, führe einst mein Leben
nach aller Zeit zu dir.

Hilf mir, die Zeit zu nützen
zu andrer Heil und Wohl,
die Strauchelnden zu stützen,
zu dienen, wie ich soll.

Laß mich die Zeit verwenden
der Seele zum Gewinn,
daß sich nicht läßt verblenden
das Herz und nicht der Sinn.

Damit ich zu dir käme,
dafür gabst du mir Zeit,
und täglich dich vernähme
im Wort, in Freud und Leid.

Wenn in den Weltenbränden
so vieles sinkt dahin,
hältst du die Zeit in Händen
und mich, der ich dein bin.

Ergreif mit beiden Händen,
was immer dir Gott gibt.
Er zeigt an allen Enden,
daß er dich meint und liebt.

Gib frei, was du gehalten,
wenn Gott dich lösen will.
Auch Nehmen ist sein Walten;
vertraue und sei still.

Mehr als die größten Gaben
will er dir selber sein.
Ob Missen oder Haben –
dein Gott ist immer dein.

Du kannst im Heute fröhlich stehen,
dem Augenblick ganz zugewandt,
mit klarem Blick, was Gott will, sehen
und es dann tun mit fester Hand.
Mit gestern, heut und morgen
bist du bei Gott geborgen.

Du bist befreit für diesen Tag.
Dein Gestern hat Gott selbst geklärt:
Daß es dich nicht belasten mag,
hat er Vergebung dir gewährt.
Mit gestern, heut und morgen
bist du bei Gott geborgen.

Du kannst des Herzens ganze Kraft
in diese Stunde willig tun.
Gott ist's, der dir ein Morgen schafft,
du aber darfst vertrauend ruhn.
Mit gestern, heut und morgen
bist du bei Gott geborgen.

Laß sich nicht nur die Jahre mehren
der leidensschweren Erdenzeit,
gib ihnen Frucht, Herr, wie den Ähren.
Mach für die Ernte mich bereit.

Damit die Tage nicht nur gleiten
wie Sand im Stundenglase rinnt,
lehr mich in Freuden und in Leiden
zu sein, Herr Christ, wie du gesinnt.

Gib selbst den Stunden die Gewichte
des letzten großen Augenblicks
und laß mich sehn in deinem Lichte
das Hell und Dunkel des Geschicks.

Du kannst dich fallen lassen;
mit Liebe ohne Maßen
fängt dich dein Jesus auf.
Er kann mit starken Händen
alles zum Besten wenden;
vertraue nur darauf.

Hast du dich ihm gelassen,
dann erst kannst du recht fassen,
wie frei der Glaube macht.
Ob Nöte oder Freuden,
es bleibt, daß er mit beiden
dir Liebe zugedacht.

Du kannst Gott überlassen,
was dir auf deinen Straßen
gar bald begegnen wird.
Der hat die Kraft gewogen
und in Betracht gezogen,
der jedes Ding regiert.

Gelassen im Vertrauen,
sollst du auf Gott nur schauen,
der alles kann und tut,
was er für diese Stunden
als nötig hat befunden.
Du bist in guter Hut.

Du wirst bewahrt,
trifft dich auch hart
die Anfechtung in Menge.
Der dich gewann
und alles kann:
Gott bringt dich durchs Gedränge.

Halt gläubig fest,
daß er dich läßt
nicht übers Maß erproben.
Er weiß die Zeit
für jedes Leid,
dann wirst du ihm enthoben.

Der Weg ist schwer.
Es lenkt der Herr
den Blick auf seine Freude.
Dort wird die Pein
zu Ende sein.
Das gibt dir Kraft für heute.

Es waren meine Tage
nicht, Herr, wie ich gedacht.
Es quält mich manche Frage
bei Tage und zur Nacht.

Es wurden meine Taten
nicht so, wie ich gewollt;
selbst gute sind mißraten,
vom Ehrgeiz überrollt.

Ich bin oft nicht gewesen,
wie ich, Herr, sollte sein;
obwohl für dich erlesen,
war ich doch wieder mein.

So vieles ist zerronnen,
so vieles ging zu Bruch,
noch eh' ich's recht begonnen,
wie unter deinem Fluch.

Und doch steht deine Gnade
im Kreuzeszeichen fest
und sagt, wie tief der Schade,
daß sie mich niemals läßt.

Du bist bei mir an lichten Tagen,
wenn ich, Herr, deine Nähe fühl;
dann schweigen meine bangen Fragen
und ich bin wie ein Kind so still.

Werd ich bedrängt von allen Seiten
und leide abgrundtiefe Not –
du bist bei mir in Dunkelheiten,
sei mein Gefühl wie starr und tot.

Wird meinem Tun Erfolg beschieden,
erfreut der Menschen Lob mich sehr,
stört Mißerfolg der Seele Frieden –
was machts? Du bleibst mein Gott und
Herr.

Du läßt dich niemals von mir trennen;
im Kreuz bin ich dir lieb und wert.
Du wirst mich im Gericht noch kennen
als einen, dem du Heil gewährt.

Gott hat dich angenommen,
wie arm du Sünder bist,
woher du auch gekommen.
Wenn das nicht Liebe ist!

Du kannst dich selbst annehmen,
wie schwer es dir auch wird.
Du sollst dich nicht mehr grämen;
du wirst von Gott geführt.

Drum nimm auch an die Brüder,
wie Jesus dir getan,
als seines Leibes Glieder;
das ist nach Gottes Plan.

Wir haben, Herr, ein Wort gehört,
dein Wort der großen Huld:
So vieles hat das Herz betört;
du nahmst uns ab die Schuld.

Wir haben Liebe, Herr, gesehn
im Kreuze Jesu Christ:
Nun kann auch dunkle Wege gehn,
wer so getröstet ist.

Wir haben Gnade, Herr, geschmeckt:
Im Brote und im Wein
hast du uns deinen Tisch gedeckt
und läßt uns Gäste sein.

Weil wir gehört, gesehn, geschmeckt,
wie du es mit uns meinst,
so gehen wir, was auch erschreckt,
den Weg, bis du erscheinst.

Du Vater der Barmherzigkeit
neigst dich dem Armen zu
in Jesu Huld und Freundlichkeit.
Wer liebt so, Herr, wie du?

Der du ein Gott des Trostes bist,
ermuntre Sinn und Geist,
ob du Verzagtheit an mir siehst,
ob Schuld mein Kummer heißt.

Du blickst mich nicht als Fremder an,
ich darf dein Kind hier sein;
und wie das nur ein Vater kann,
läßt du mich nicht allein.

Ich lobe dich mit frohem Mund
und dankerfülltem Sinn
und mache es nun willig kund,
wie reich ich mit dir bin.

Die Gnade, die Verdienst nicht kennt,
die du, Herr, frei verleihst,
gib, wenn mein Mund dich betend nennt,
daß er dich dankbar preist.

Die Liebe, die die Schuld verzeiht
und aus dem Staub erhebt,
dem Sünder Kindesrecht verleiht,
sei, Herr, was mich belebt.

Der Geist, der Herz und Sinne lenkt
und läßt mich nicht allein,
der in mir Gutes schafft und denkt,
präg, Herr, dein Bild mir ein.

Die Sonne läßt du leuchten,
die Blumen lustig blühn;
das Erdreich fruchtbar feuchten,
die Bäume schmückst du grün.

Am Tage schenkst du Freude
an unserer Hände Tun,
gibst stündlich dein Geleite
und bleibst bei unserm Ruhn.

Du sagst durch so viel Güte,
wie du, Herr, an uns denkst.
Du machst ein froh Gemüte,
weil du so liebst und schenkst.

Gibst nicht nur deine Gaben,
gibst dich, Herr Jesus Christ.
Daß wir im Wort dich haben,
die größte Gabe ist.

Wenn sich die Blütenkelche schließen,
der Vögel frohes Lied nun schweigt
und Fluß und Bach ganz silbern fließen,
wenn leis die Nacht herniedersteigt,
dann bette mich in deinem Frieden,
wo du mir, Herr, hast Rast beschieden.

Laß dann auch auf den lauten Straßen
verebben Lärm und Stimmgewirr;
und wo die Leidenschaften rasen,
befrei den Geist, der blind und irr.
Erlaß, o Gott, uns alle Schulden
und trockne Tränen, wo wir dulden.

Schließ Tag und Nacht in dein Erbarmen,
wenn wir es auch nicht recht verstehn.
Nimm deine Hand nicht von uns Armen,
wir müßten ja sonst ganz vergehn.
Der du mehr gibst, als wir erbitten,
du hast uns Gottes Heil erlitten.

Es schweigen Wald und Wiesen,
die Vögel gehn zur Ruh,
und auch die Blumen schließen
still ihre Kelche zu.

Da mach mein Herz auch stille –
der Tag, Herr, war so laut,
der Bilder war die Fülle –,
daß es dein Bild nun schaut.

Daß, Jesus, deine Liebe,
die Liebe bis zum Tod,
der stärkste Eindruck bliebe,
mehr noch als Schuld und Not.

Dein Friede hat nun wieder
das Herz zur Ruh gebracht.
Ich schließe meine Lider,
Herr Christ, zu guter Nacht.

In dieser Reihe sind lieferbar: